AF330899

LA PREMIÈRE ANNÉE
DU CONSULAT
DE BONAPARTE.

Par Rœderer.

16 Brumaire, an 9.

LE mérite par-tout perfécuté, les hommes honnêtes par-tout chaffés des fonctions publiques, les brigands réunis de toutes parts dans leurs infernales cavernes, des fcélérats en puiffance, des apologiftes de la terreur à la tribune nationale, la fpoliation rétablic fous le titre d'*emprunt forcé*, l'affaffinat préparé & des milliers de victimes défignées fous le titre d'*otages*; le fignal du pillage, du meurtre, de l'incendie, toujours au moment de fe faire entendre dans une proclamation de *la patrie en danger*; mêmes cris, mêmes hurlemens dans les clubs, au corps légiflatif, qu'en 93; mêmes bourreaux, mêmes victimes; plus de liberté, plus de propriété, plus de fûreté pour les citoyens, plus de finances, plus de crédit pour l'état; l'Europe prefqu'entière, l'Amérique même déchaînées contre nous; des armées en déroute, l'Italie perdue, le territoire français prefque envahi;

telle étoit, il y a un an , la pofition de la France.

Depuis deux mois la fubverfion toujours im-
minente de la république n'étoit retardée que par
la réfiftance d'un feul homme : c'étoit Sieyès.
Son courage donna à Bonaparte le temps d'ar-
river. Bonaparte parut ; & le dix-huit brumaire
paya au premier le prix de fon dévouement , en
ouvrant au fecond une nouvelle carrière où l'at-
tendoit la reconnoiffance des fiècles.

Laifferons-nous paffer l'anniverfaire de cette
époque de délivrance, fans la célébrer ? Les faftes
de la glorieufe année qui vient de s'écouler ne
feront-ils pas ouverts par la reconnoiffance ?
Il n'eft permis qu'à un feul homme en France
de fonger en ces heureux jours à l'avenir plus
qu'au paffé : c'eft celui à qui le 18 brumaire
impofa la reftauration générale & qu'elle rendit
efclave de la liberté publique.

Les premiers foins que réclamoient la liberté
& la propriété , devoient être pour l'abolition
des lois dirigées contre elles, & la folemnelle
réintégration de leurs droits. Le 22 brumaire an
8 , vit l'abrogation de la loi fur les otages, &
de la loi portant établiffement de l'emprunt forcé.
Des paroles du premier conful annoncèrent dès
les prémiers jours de fon confulat provifoire ;

qué *la révolution du 1 8 brumaire n'entraîne-
roit aucune profcription , & en feroit ceffer plu-
fieurs* : & en effet les déportés de fructidor font
bientôt rappelés ; Barthélemy, l'un d'eux eft pré-
fenté par le premier conful au fénat confervateur,
heureux préfage des arrêtés qui placèrent enfuite
Siméon au tribunat, Barbé-Marbois & Portalis au
confeil d'état. Tout ferment eft abrogé comme
faifant violence aux confciences. Les prêtres déportés à la Guyanne font ramenés. Les édifices
deftinés au culte font ouverts tous les jours.
Ceux qui ne font point aliénés, font rendus aux
communes. Toutes les fêtes , dites *nationales,*
inftituées par les paffions & faites pour irriter les
paffions contraires, font abolies ; l'anniverfaire du
14 juillet & du 1er vendémiaire font feuls confer-
vés. Un arrêté rend aux citoyens la liberté de fe
marier le jour qu'il leur plaira, & la liberté plus
facrée encore de travailler fuivant leurs forces
& les befoins de leur famille. L'œil du premier
magiftrat , en parcourant la lifte des émigrés,
y reconnoît de nombreufes profcriptions : de
grands travaux font auffitôt ordonnés pour mar-
quer cette diftinction. En attendant, la fatale
lifte eft clofe, & la radiation des membres de
l'affemblée oonftituante qui ont voté pour l'abolition des diftinctions héréditaires, eft ordonnée.

A 2

Enfin cent mille noms d'agriculteurs, d'ouvriers habiles, d'hommes induftrieux, de femmes, font retirés, par une difpofition générale, de la lifte qui déclaroit cette précieufe population perdue pour la France & acquife à l'étranger.

Ces travaux de juftice réparatrice font entre-mêlés avec tous ceux que demandoient la fageffe & la prévoyance pour la confervation & la réhabilitation de l'Etat.

Une conftitution nouvelle, dont Bonaparte a difcuté toutes les parties & qu'il a marquée du fceau de fon efprit en donnant à l'autorité du gouvernement cette *force régulière* qui affure à-la-fois l'ordre & la liberté, eft préfentée au peuple français, & mife en activité. Un confeil d'état, compofé d'hommes probes & exercés aux affaires, eft établi. Les communications du gouvernement avec les autres autorités légif-latives, font affujéties par la loi à un ordre ré-gulier. Le territoire de la République eft foumis à une nouvelle divifion & à des adminiftrations qui réuniffent, avec la fimplicité des anciennes intendances, la popularité des adminiftrations provinciales : cent préfets, quatre cents sous-préfets, dix mille maires font nommés à la fa-tisfaction générale. Un nouveau fyftême judiciaire eſt ſubſtitué au ſyſtême informe qui avoit prévalu depuis dix années ; des tribunaux de premiere inſtance ſont multipliés , de grands tribunaux d'appel ſont inſtitués , le tribunal de caſſation réorganiſé , & par-tout la ſolemnité eſt rendue aux fonctions de la juſtice. Enfin de longues diſcuſſions ſont ouvertes ſur les moyens de parvenir à la formation *des liſtes de nota-bilité* preſcrites par la conſtitution : voilà les travaux exécutés ou commencés pour l'organi-ſation politique, adminiſtrative & judiciaire de la République.

En même temps , & concuremment marchent les réformes & les améliorations dans les finances. La contribution mobiliaire eſt réduite de dix millions. La taxe d'entretien des routes, qui grévoit le commerce en raiſon de la difficulté des chemins & de la foibleſſe des chevaux , eſt ramenée à des principes plus équitables. Des octrois municipaux ſont accordés aux communes pour l'entretien de leurs hoſpices. Des honneurs publics ſont promis & décernés aux départemens qui auront le plutôt payé leurs contributions. Des receveurs ſolva-bles remplacent des prépoſés ignorans , ſans moyens , ſans crédit , & offrent au gouvernement des reſſources pour le ſervice courant. Une caiſſe

d'amortiſſement, une banque publique ſont fon-
dées. Le tréſor national reçoit une nouvelle orga-
niſation. Des receveurs infidèles ſont pourſuivis
devant les tribunaux. En un mot, le glaive de la
juſtice, le lévier de l'honneur, l'œil de la ſur-
veillance, tout concourt au rétabliſſement des
finances. Le tréſor public eſt garni ; le crédit
renaît ; & à compter du ſecond ſemeſtre de
l'an 8, les rentes & penſions commencent à
être acquittées en numéraire.

Cependant l'ennemi étoit à nos portes, & nos
armées preſque détruites ; ſous le premier guer-
rier de l'Europe, devenu le premier magiſtrat
de la France, tout ſe refait comme de ſoi-même.
Les braves ſe raniment, les débris ſe raſſemblent ;
les conſcrits marchent aux drapeaux qui les
attendent. En peu de mois, les anciennes armées ſont réorganiſées, & Moreau eſt à la tête de
celle qui borde le Rhin. Une armée de réſerve,
auſſitôt créée qu'annoncée, franchit les Alpes
& ſe trouve en préſence de l'ennemi, qui nie
encore ſon exiſtence ; le fort de Bart, la Chiu-
ſella, Montebello, Marengo, preſque l'Italie entière, tombe au pouvoir de Bonaparte. D'un
autre côté, Moreau triomphe à Moskirch, à
Engen, à Biberach, à Memmingen. L'Autriche

(7)

demande un armiftice. Elle demande la paix.

Spectacle , non moins honorable que les victoires ! Les armées françaifes partout triom-
phantes , font partout difciplinées , partout elles
refpectent l'ordre , la propriété , le malheur. Plus
de pillage ; les exactions font punies ; les contributions militaires font impofées avec modération , reçues avec ordre & décence , dépen-
fées pour le foldat avec fidélité , & enfin foumises
à une exacte comptabilité.

Des confolations, des dédommagemens font
affurés aux foldats mutilés par la guerre. L'hô-
tel des vétérans eft embelli ; le temple de
Mars eft décoré de leurs noms. Les grena-
diers de l'armée reçoivent une récompenfe com-
mune , & une illuftration d'un genre nouveau ,
par l'élévation d'un héros defcendant de Turenne ,
au titre , jufqu'alors inconnu , de *premier
grenadier de l'armée*. Un nouvel hommage
eft confacré à la valeur & au talent militaire ,
joints avec la vertu & la modeftie civiques ,
par l'inhumation folemnelle de Turenne lui-
même , par le monument élevé à fa mémoire
dans le temple de Mars , au mépris des préjugés nouveaux qui avoient profcrit le mérite
uni à une haute extraction , comme les anciens
préjugés avoient repouffé le talent privé des

A 4

recommandations de la naiffance. L'émulation eft excitée dans l'ame de tous les braves par les médailles, par les colonnes qui confacrent à la poftériéé le dévouement de Defaix, de Kléber & de tant d'autres guerriers morts au champ d'honneur, & enfin par ces mots, fortis de l'ame du premier conful lorfque la mort frappa Defaix : *Que ne m'eft-il permis de pleurer !*

En même temps que le premier conful préparoit fes victoires fur les ennemis extérieurs de l'état, il réduifoit les ennemis de l'intérieur dans les départemens révoltés. Il commence par les faire dèclarer hors la conftitution, fûr qu'un grand déploiement de la force militaire difpenfera d'en faire un fanglant ufage : 60 mille hommes font raffemblés dans la Vendée ; un plan de campagne eft arrêté ; les rebelles font partout attaqués, pourfuivis, combattus, vaincus ; & tandis que des généraux fages & habiles exécutent le plan de Bonaparte, Bonaparte lui-même, par fa modération & fa juftice, atteint & défarme, dans leur confcience, ceux des rebelles que nos guerriers n'ont pu réduire ; il gagne les ames, change les volontés, diffipe les préventions, tandis que fes généraux enchaînent les bras & domptent les fureurs.

(9)

Bonaparte devoit avoir dans le fentiment de
fes forces & de fes talens le preffentiment de
fes victoires; il n'en fut pas moins modéré
dans fa politique envers les nations étrangeres.
A peine conful, il offre la paix à l'Autriche,
il offre la paix à l'Angleterre, il accueille les
propofitions amicales des Etats-Unis. L'Autriche, aveuglée par l'Angleterre, l'Angleterre,
vaine des complaifances de l'Autriche, refufent la
la paix, l'une avec hauteur, l'autre avec infolence,
& il faut vaincre encore. Mais les forces de la
France ont doublé par les fentimens de juftice
offenfée, de longanimité bleffée qui tranfpor-
tent les armées républicaines; celles de l'ennemi font diminuées par la honte dont fes
troupes font frappées en fe voyant condamnées
à fervir une animofité farouche & un pacte def-
tructeur; ainfi Bonaparte a affuré fa vengeance
par l'offenfe même à laquelle il a cru que fon
devoir l'obligeoit à s'expofer. Il acheve d'inté-
reffer les puiffances neutres à fa caufe, en fubf-
tituant des inftitutions & des réglemens favorables à leur commerce & compatibles avec la
liberté des mers, aux vexations par lefquelles
l'ancien gouvernement avoit cru devoir enchérir
fur les prétentions orgueilleufes de l'Angleterre.
L'embargo mis dans tous les ports de la Ré-

publique fur les navires neutres eft levé ; la neutralité des cargaifons fous pavillon neutre eft folennellement reconnue ; un tribunal des prifes, placé trop près du gouvernement pour n'être pas au-deffus de la corruption, eft inftitué pour juger adminiftrativement les queftions de prifes qui depuis long-temps étoient foumifes à toutes les lenteurs de la juftice, & décidées avec toute la partialité de l'efprit révolutionnaire : en un mot, le droit des gens eft rétabli dans toutes les relations maritimes de la .épublique.

C'eft dans ces circonftances que la campagne s'ouvre en Italie. La victoire paie à Bonaparte le prix de fa modération, & fa modération fe déclare de nouveau comme pour honorer la victoire & en affurer les heureux fruits. Il offre une feconde fois la paix fur le champ de bataille conquis par fa vaillance, & le nord s'étonne de fa fageffe autant que de fes triomphes. Les préventions de la Ruffie font diffipées ; elle ceffe de nourrir les efpérances de l'Angleterre. Le Danemarck prend une contenance affurée devant les flottes anglaifes. De toutes les parties de l'Europe, du fein même des bataillons ennemis, des acclamations de paix répondent au premier conful que fon vœu fera rempli.

Les miniftres américains, amenés en France

par l'efpérance de rétablir l'ancienne amitié des
deux nations, trouvent dans Bonaparte victorieux
autant de juftice que de gloire, autant de longanimité que de puiffance. Un traité rétablit les
relations commerciales entre la France & les
Etats-Unis, rend à notre commerce maritime
de l'activité, affure la fubfiftance de nos colö-
nies, promet l'oubli des vexations exercées
contre le commerce américain, fous le régime
révolutionnaire, garantit l'indépendance des
Etats-Unis, & leur profpérité, dont les fuites
doivent être fi utiles à la France, enfin con-
facre des principes favorables à la neutralité,
en oppofition avec les violences que le gouvernement anglais s'eft permifes contre fes propres
alliés.

Ne négligeons pas, en parlant de la conduite
de Bonaparte à l'égard des puiffances étrangères,
de rappeler les égards pleins de convenance
dont il a accompagné les actes de fa juftice &
de fa politique. Les négociations avec l'Amérique furent heureufement préparées par les
honneurs funèbres que le premier conful fit
rendre à Wafhington, à la nouvelle de fa mort.
Un bon accueil a été préparé près de l'Amérique
au traité qui a été conclu, par la fête donnée
aux miniftres américains après la fignature. L'em-

pereur d'Allemagne, l'empereur de Ruſſie n'ont
pu être indifférens aux bons traitemens exercés
envers les officiers autrichiens, & les officiers
ruſſes priſonniers de guerre, ainſi qu'à l'hu-
manité qui a pourvu au bon entretien des
ſoldats des deux puiſſances. Enfin, qui n'a pas
été touché dans l'Europe entière de ce reſpect
pour le malheur, pour la cendre des morts &
l'hoſpitalité nationale, qui a fait rendre à Pie VI
les honneurs funèbres dûs à ſon rang ? Le premier
magiſtrat de la république n'a-t-il pas ſervi tout
à la fois & les mœurs, & la politique, en ſaiſant
revivre dans la diplomatie ces bienſéances dont
le ſentiment délicat a toujours caractériſé la
nation françaiſe ?

Dans le tableau de tant de choſes grandes par
leur importance & leur difficulté, où placer une
foule d'actes d'adminiſtration bienfaiſante ou noble
& brillante ? Où viennent ſe placer & l'inſtitu-
tion de la gradualité dans les emplois diplo-
matiques ; & les réglemens qui préparent & an-
noncent pour un avenir très-prochain la reſtau-
ration d'une formidable marine ; & les diſpoſi-
tions faites pour faciliter l'établiſſement du nouveau ſyſtême métrique ; & enfin l'expédition du
capitaine Baudin ?

Dans les actes qui viennent de paffer fous nos yeux, beaucoup font des lois, qui fuppofent des difcuffions arides, difficiles & des connoif-fances fpéciales. Plus d'un lecteur croira peut-être que Bonaparte les a adoptées de confiance : ce feroit une erreur. Depuis l'arrêté qui change la dénomination des poids & mefures jufqu'à la loi qui organife les tribunaux, Bonaparte a tout difcuté, & très-fouvent tout éclairé. Infatigable au travail, affidu à fes confeils d'adminiftration, affidu au confeil d'état, il met à tout l'autorité de fon talent, avant d'y mettre celle de fa place ; & avant d'y mettre l'autorité de fon talent, il a encore le foin de provoquer celui de tous les hommes dont il s'eft environné. Il a établi dans le confeil d'état, une difcuffion vive & familière, exempte des inconvéniens attachés aux difcuf-fions de tribune, où les auditeurs font prefque toujours entre les orateurs qui entraînent & les orateurs qui endorment. La parole dans le con-feil eft à l'orateur qui éclaire ; & le ton y eft tel qu'il doit être pour aider au mouvement de l'efprit, fans exciter celui des paffions.

Dernièrement, quand le premier conful eût été menacé d'un affaffinat, on craignit que fa clémence n'épargnât les coupables ; peut - être cette crainte étoit-elle fondée. Quelques jours auparavant il disoit au secrétaire d'état & à moi : « Voilà bientôt un an que je suis premier consul ; »le manège a été fermé, les royalistes ont été »dispersés, les ennemis repoussés ; il y a une »administration ; l'ordre est dans les finances ; & »*il n'a pas été versé une goutte de sang.* » Il étoit naturel que le premier consul desirât de pouvoir se répéter ces dernières paroles pendant les dix années de sa magistrature.

Encore un mot ; ce sera sur ce qu'il a fait pour la morale. Il a donné aux Français l'exemple d'une vie laborieuse & simple, mêlée de peu de plaisirs, & de plaisirs nobles, tels que ceux du théâtre & particulièrement de la scène tragique ; ni son rang, ni sa gloire, n'ont pu lui rendre indifférens ni les amis qui lui furent dévoués, ni les hommes que l'intérêt public a engagés avec lui dans des périls communs, ni les douceurs de la vie domestique & de l'union conjugale. Il a remis en honneur le travail ; l'amitié, le mariage, ces trois grandes garanties du bonheur particulier.

Telle a été la première année du consulat de Bonaparte. Maintenant sa vertu est sans doute en fûreté, étant gardée par tous les genres de gloire; fous cet abri, il n'a fans doute plus à craindre les féductions du pouvoir, ni les illufions de la jeuneffe. Qu'il nous foit permis de la célébrer, cette glorieufe année, à nous, petite poignée de citoyens, qu'il remarqua dans leur obfcurité, à nous qui, en nous attachant à lui, avons voulu nous attacher, non au plus fort, mais au plus grand ; qui avons ambitionné des marques de fon eftime, non des bienfaits de fa puiffance; qui avons mis notre ambition à fon eftime, parce qu'il avoit la nôtre autant que notre admiration; & qui avons lié notre exiftence, non-feulement à fon exiftence, mais encore & fur-tout à fa vertu, en courant pour lui le plus grand danger auquel puiffent s'expofer des hommes qui ont quelque refpect pour eux-mêmes, celui de louer publiquement un homme vivant, jeune & revêtu du fuprême pouvoir.

Extrait du Journal de Paris, N.° 49.